Atgof o'r Sêr

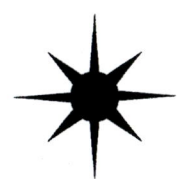

The Memory of Stars

ROBAT ARWYN

CURIAD

Mae hawlfraint ar gynnwys y llyfr hwn ac ni ellir atgynhyrchu unrhyw ran o'r cyhoeddiad, gan gynnwys darlledu neu recordio'r gerddoriaeth mewn unrhyw fodd, heb sicrhau caniatâd ysgrifenedig y cyhoeddwyr ymlaen llaw.

No part of this publication may be reproduced in any form including recording or broadcasting the material without the prior written permission of the publishers.

© Hawlfraint Cyhoeddiadau Curiad, 2001

Bydd recordiad o Atgof o'r Sêr ar gael ar label Sain, gwanwyn 2002 - Sain SCD2339. Cysylltwch gyda Chwmni Sain am ragor o fanylion:

A recording of The Memory of Stars will be available on the Sain label, spring 2002 - Sain SCD2339. Contact Sain for more information:

01286 831111
record@sain.wales.com
www.sain.wales.com

Cynllun y Clawr/*Cover Design*: Ruth Myfanwy

CURIAD 3123
ISBN:1-897664-48-6
ISMN: M57010 414 7

CURIAD, Pen-y-Groes, Caernarfon, Gwynedd LL54 6EY Cymru/Wales
Tel. +44 (0)1286 882166
Fax. +44 (0)1286 882692
E-mail: curiad@curiad.co.uk
Web site: http://www.curiad.co.uk

I Mari

Atgof o'r Sêr

Cylch o ganeuon i gôr cymysg ac unawdwyr gyda chyfeiliant piano

Comisiynwyd *Atgof o'r Sêr* ar gyfer Eisteddfod Genedlaethol Sir Ddinbych a'r Cyffiniau 2001. Perfformiwyd y gwaith gyntaf ar Awst 10fed 2001 gan Bryn Terfel, Fflur Wyn, Côr Rhuthun a'r Cylch a Chôr yr Eisteddfod o dan arweiniad Morfydd Vaughan Evans a chyfarwyddyd cerddorol Annette Bryn Parri.

Datblygodd thema'r sêr wedi wythnosau o bori trwy nifer o gyfrolau barddoniaeth, a chael fy hun yn troi'n reddfol at ddwy gerdd yn arbennig, sef *The Memory of Stars*, Yvonne Davies a *Seren y Bore*, Gwyn Thomas. Cyn derbyn y comisiwn roeddwn eisoes wedi cyfansoddi *A Gwnaeth y Sêr*, gosodiad o ambell adnod o Genesis, a daeth yn amlwg mai dyma'r darn priodol, o'i ddiwygio, i agor y gwaith.

Y cam nesaf oedd chwilio am ragor o gerddi yn ymwneud â'r sêr, a llwyddais i ailddarganfod ambell i hen ffefryn yn ogystal â manteisio ar y cyfle i gomisiynu cerddi newydd. Bu'r diweddar John Stoddart yn gymwynasgar iawn yn cyfieithu cerdd Yvonne i'r Gymraeg, gan lwyddo i gadw naws a rhin y gwreiddiol gyda'i ddawn a'i weledigaeth. Bellach roedd y casgliad yn cyfeirio at ogoniant Duw ac arwyddocâd goleuni seren Bethlehem, at y sêr fel delwedd o gariad ac uchelgais, ac at arferiad rhai i ddarllen y sêr.

Er i thema'r sêr eu clymu, mae'n bosib cyflwyno pob un o'r caneuon yn unigol. Gellir ychwanegu unrhyw gyfuniad o offerynnau at y cyfeiliant piano, ond argymhellir cyfyngu'r defnydd o ddrymiau i dair cân yn unig, sef *Brenin y Sêr*, *Yn Llygad y Llew*, ac *Mae'r Sêr yn Canu*. Ysgrifennwyd *Seren y Gogledd* fel unawd i lais a phiano yn unig. Gellir cyflwyno *Brenin y Sêr*, *Atgof o'r Sêr* ac *Mae'r Sêr yn Canu* heb unawdydd os nad oes adnoddau lleisiol unigol o fewn y côr.

Hyd y gwaith: tua 35 munud **Robat Arwyn**

The Memory of Stars

A song cycle for mixed choir and soloists with piano accompaniment

The Memory of Stars was commissioned for the 2001 Denbighshire and District National Eisteddfod. The work was first performed on August 10th 2001 by Bryn Terfel, Fflur Wyn, Côr Rhuthun a'r Cylch and the Eisteddfod Choir conducted by Morfydd Vaughan Evans and Annette Bryn Parri, the musical director.

The theme of stars emerged after weeks of searching through many volumes of poetry and finding myself instinctively turning to two particular poems, namely *The Memory of Stars*, Yvonne Davies and *Seren y Bore* (The Morning Star), Gwyn Thomas. Before receiving the commission I had already composed *He made the Stars*, a setting of verses from the book of Genesis, and it soon became obvious that this piece – in a revised version – should open the work.

The next step was to look for further poems that dealt with stars, and I succeeded in rediscovering a few old favourites as well as taking the opportunity to commission new poems. The late John Stoddart kindly translated Yvonne's poem into Welsh and succeeded in maintaining the spirit and atmosphere of the original in his so accomplished way. I have also had great pleasure in working with some of the original Welsh poets who have translated their work into English thus producing lyrics that are both singable and meaningful. The collection then took on its final format, addressing the glory of God and the star of Bethlehem, stars as an image of love and ambition, and the practice, by some, of reading the stars.

Though intended as a song cycle, it is possible to perform each of the songs individually. Any combination of instruments may be added to the piano accompaniment, though it is suggested that the use of drums be restricted to three songs, namely *King of the Stars*, *The Cold Eye of Leo* and *The Stars are Singing*. *The North Star* was written as a solo for voice and piano only. However, *King of the Stars*, *The Memory of Stars* and *The Stars are Singing* may be performed without a soloist if the choir prefers.

Duration: c. 35 minutes **Robat Arwyn**

Cynnwys • *Contents*

1	A gwnaeth y Sêr (4' 30")	*He made the Stars*	1
2	Brenin y Sêr (4' 45")	*King of the Stars*	9
3	Seren y Bore (5' 30")	*The Morning Star*	17
4	Sêr y Nadolig (2' 45")	*Christmas Stars*	24
5	Atgof o'r Sêr (4' 00")	*The Memory of Stars*	27
6	Yn Llygad y Llew (3' 15")	*The Cold Eye of Leo*	31
7	Seren y Gogledd (3' 20")	*The North Star*	37
8	Mae'r Sêr yn canu (4' 30")	*The Stars are singing*	40

1 A GWNAETH Y SÊR
(fersiwn diwygiedig, 2001)

HE MADE THE STARS
(revised version, 2001)

SATB

Geiriau Cymraeg: Genesis 3, 14, 16, 18
English translation: John Stoddart

ROBAT ARWYN

2 BRENIN Y SÊR
KING OF THE STARS

SATB / unawdydd (dewisol)
SATB/soloist (optional)

Geiriau Cymraeg: Robin Llwyd ab Owain
English translation: Aled Lloyd Davies

ROBAT ARWYN

unawdydd neu unrhyw gyfuniad o leisiau unsain
soloist or any combination of unison voices

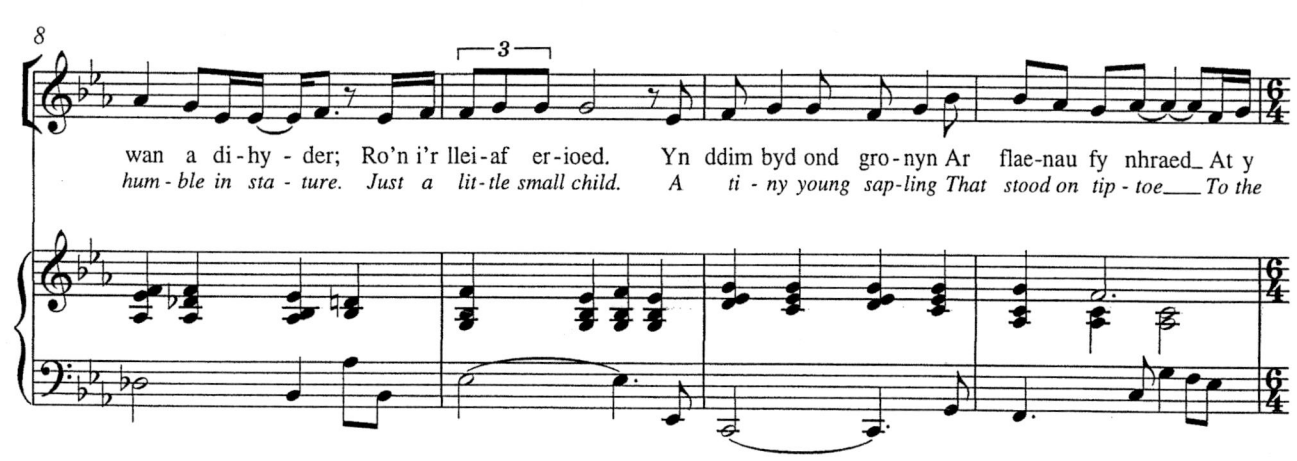

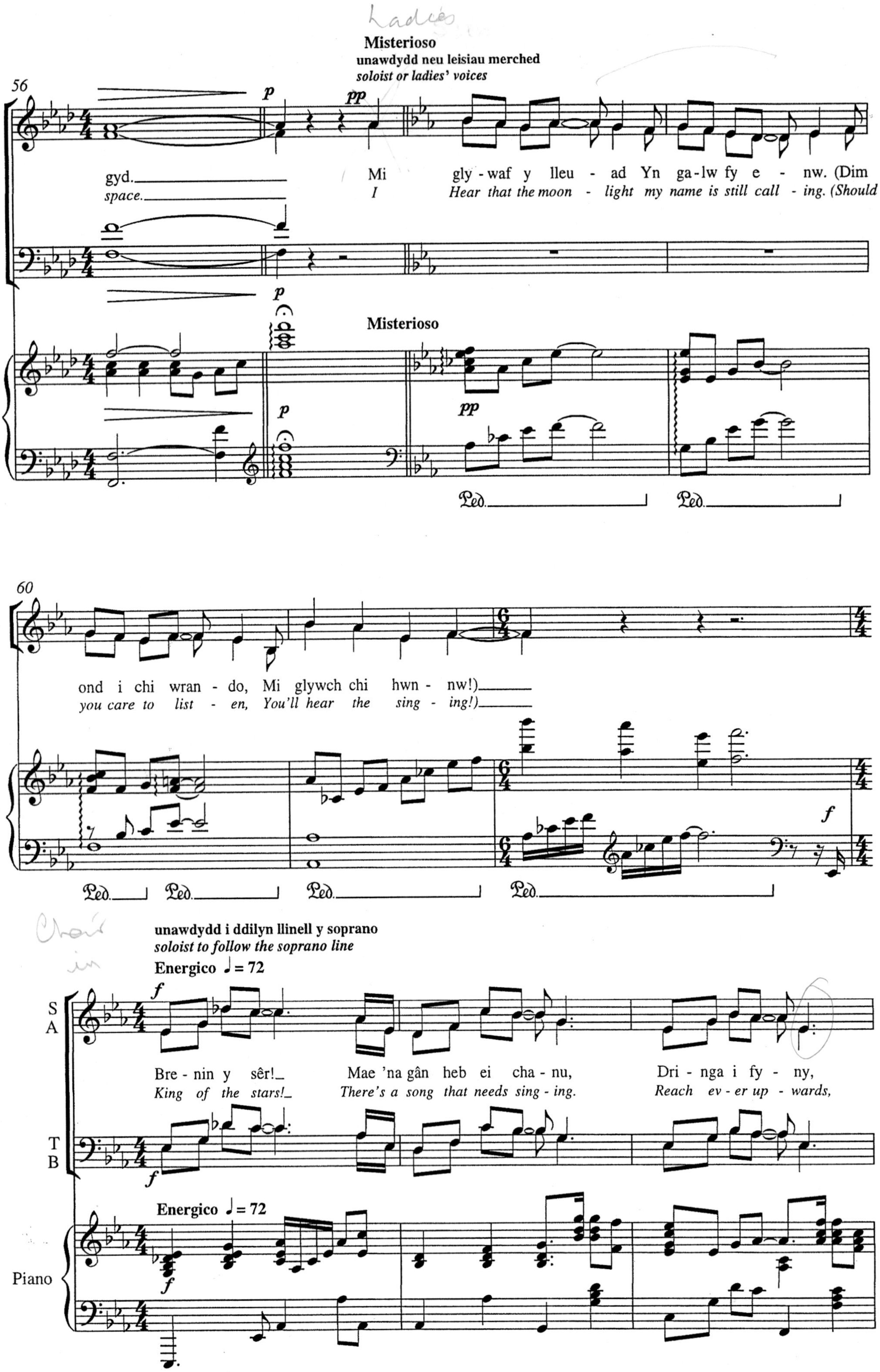
Ladies
Misterioso
unawdydd neu leisiau merched
soloist or ladies' voices
56
p
pp
gyd.
space.
Mi
I
gly - waf y lleu - ad Yn ga - lw fy e - nw. (Dim
Hear that the moon - light my name is still call - ing. (Should
p
Misterioso
p
pp
60
ond i chi wran - do, Mi glywch chi hwn - nw!)
you care to list - en, You'll hear the sing - ing!)
f
Choir in
unawdydd i ddilyn llinell y soprano
soloist to follow the soprano line
Energico ♩ = 72
f
S
A
Bre - nin y sêr!
Mae 'na gân heb ei cha - nu,
Dri - nga i fy - ny,
King of the stars!
There's a song that needs sing - ing.
Reach ev - er up - wards,
T
B
f
Energico ♩ = 72
Piano
f

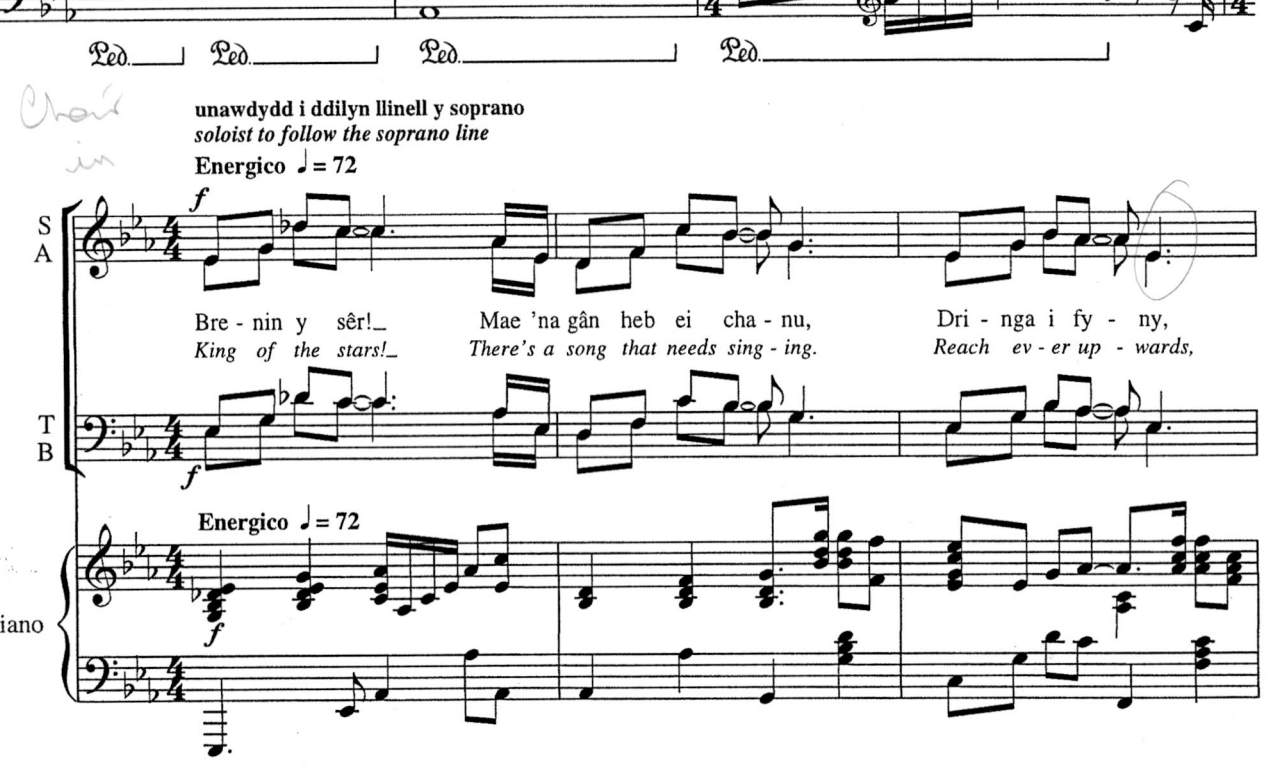

3 SEREN Y BORE
THE MORNING STAR
SATB

Geiriau Cymraeg: Gwyn Thomas
English translation: Gwyn Thomas

ROBAT ARWYN

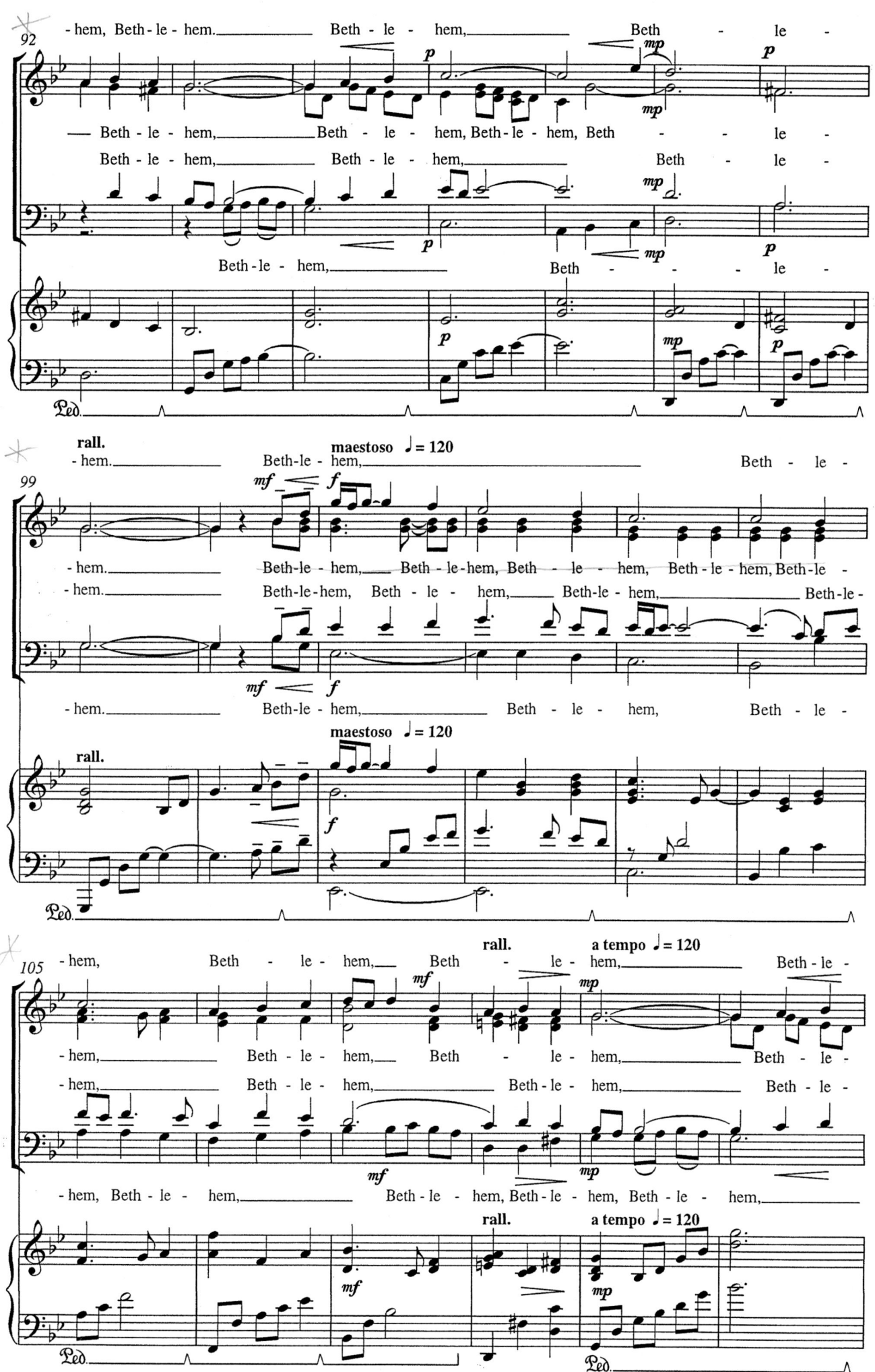

4 SÊR Y NADOLIG
CHRISTMAS STARS

Geiriau Cymraeg: Dewi Jones
English translation: Dewi Jones

ROBAT ARWYN

48
poco rall.
- thi - neb, na dim o'r rhin heb at - gof clir o'r
wis - dom, No wis - dom with - out the mem - o - ry of
na rhin doe - thi - neb, o'r rhin, o'r rhin heb at - gof clir o'r
the gift of wis - dom, with - out, with - out the mem - o - ry of
poco rall.

52
a tempo ♩ = 69
rall.
sêr. heb at - gof clir o'r sêr.
stars. the mem - o - ry of stars.
sêr. at - gof clir o'r sêr.
stars. mem - o - ry of stars.
a tempo ♩ = 69
rall.

6 YN LLYGAD Y LLEW
THE COLD EYE OF LEO

SATB

Geiriau Cymraeg: Robin Llwyd ab Owain
English translation: Aled Lloyd Davies

ROBAT ARWYN

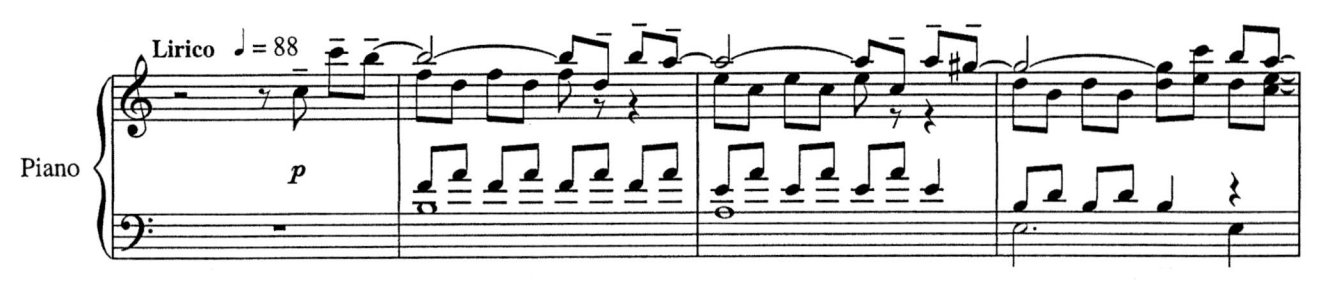

Mae'r sêr yn ein nos fel ar-wydd-ion,— Yn da-ngos y llwy-byr trwy'r waen: A'r
The stars can fore-tell all our fu-tures— They know how our lives will un-fold: The

sêr yw ar-wydd-byst ein fo-ry,— Mae nhw'n gwy-bod beth sydd o'n blaen._ Mae nhw'n
stars have our fate in their keep-ing— and they know what to-morr-ow will hold._ They will

A phob un sy-mud-iad a wnawn,
The small-est of moves we shall make,

gwy-bod pob gair cyn ei ad-rodd,
know ev-ery word we shall ut-ter,

Mae nhw'n
Yes, they

Pob u-ffern a hun-llef a gawn.
And ev-ery false step we shall take.

Yn lly-gad y Llew
The cold eye of Le-

gwy-bod pob hun-llef a breu-ddwyd,
know ev-ery night-mare and trau-ma,

a'r Pys-go-dyn, Yng nghra-fanc y For-wyn, Ym mhig-iad hen Sgorp-iwn y rhod, Rhwng deu-gorn y Ta-
-o is on us, to-geth-er with Tau-rus, as well as the Scorp-ion of space. We're fraught with the fan-

-rw a'i dy-mer, a'r Saeth-wr: Dyw rhy-ddid ddim be-llach yn bod.___
-ies of Vir-go and Ar-ies: Our free-dom is lost with-out trace.___

Rwyt
We're

by-ped yn nwy-lo'r pla-ne-dau,___ Mae'r rhei-ny yn ar-wain dy droed___ I
pup-pets con-trolled by the plan-ets___ Whose whims we o-bey out of hand;___ Our

ddi - lyn ôl traed yn y ty - wod:_ Ôl traed a fu y - no er - ioed._
foot-steps de - ci - ded al - read - y:_ They're all pre-or-dained in the sand._

A phob rhyw sy-mud - iad a
And ev - ery de - cis - ion we've

wnaeth-ost, Pob gair, a phob tro ar dy daith,_
tak - en, Each step we shall take 'fore we die,_

Yw'r fflam yn y lly - gaid
Is a light in the dark - est

ty - wyll, Yw'r ffilm yn y lly - gaid llaith._ Yn lly-gad y Llew_ a'r Pys-go-dyn, Yng
ir - is, and a tear in the moist-ened eye._ The cold eye of Le - o is on us, to-

34

nghra-fanc y For-wyn, Ym mhig-iad hen Sgorp-iwn y rhod,— Rhwng deu-gorn y Ta-rw a'i dy-mer, a'r
-geth-er with Tau-rus, as well as the Scorp-ion of space.— We're fraught with the fan-cies of Vir-go, and

Saeth-wr: Dyw rhy-ddid ddim be-llach yn bod.— Yn lly-gad y
Ar-ies: Our free-dom is lost with-out trace.— The cold eye of

Llew a'r Pys-go-dyn, Yng nghra-fanc y For-wyn, Ym mhig-iad hen Sgorp-iwn y rhod,—
Le-o is on us, to-geth-er with Tau-rus, as well as the Scorp-ion of space.—

Rhwng deu-gorn y Ta-rw a'i dy-mer, a'r Saeth-wr: Dyw rhy-ddid ddim be-llach yn bod. ddim be-llach, ddim be-llach, ddim be-llach yn bod.

We're fraught with the fan-cies of Vir-go, and Ar-ies: Our free-dom is lost with-out trace. with-out trace. with out trace. is lost with-out trace.

rall. al fine — Misterioso

7 SEREN Y GOGLEDD
THE NORTH STAR

Geiriau Cymraeg: Syr John Morris - Jones
English translation: Aled Lloyd Davies

ROBAT ARWYN

Fe grwyd-ra lla - wer se - ren wen   Yn y ffur - fa - fen fry;   Ac i bob se - ren trefn - wyd rhod,   Ac yn ei rhod y try,
A myr - iad stars do night - ly move   In a mys - ter - ious way;   Each star its own fixed course to run   For - ev - er and a day,

Ac yn ei rhod y try.
For - ev - er and a day.

24 poco piu mosso

O am-gylch rhyw un se-ren wen y trônt uwch-ben y byd;
The stars all move in or-dered paths A-cross the vel-vet sky;

29 A tempo ♩= 92

Ym mhe-gwn nef mae hon-no 'nghrog, Di-ys-gog yw o hyd, Di-ys-gog
One star how-ev-er is un-moved, As oth-ers pass it by. As oth-ers

35 rall. — piu mosso ♩= 100

yw o hyd.
pass it by.

41

Mae gen-nyf
I al-so

colla voce

in - nau se - ren wen, Yn fy ffur-fa-fen i; Holl sêr y nef sydd yn eu
have my con-stant star, It shines for - ev - er bright; And all the gal - ax - ies re -

cylch Yn troi o'i ham-gylch hi, Yn troi o'i ham - gylch hi.
- volve A - round her brill - iant light, A - round her brill - iant light.

Holl sêr y nef sydd yn eu cylch Yn troi o'i ham - gylch
And all the gal - ax - ies re - volve A - round her brill - iant

hi, Yn troi o'i ham - gylch hi.
light, A - round her brill - iant light.

8 MAE'R SÊR YN CANU
THE STARS ARE SINGING

SATB / unawdydd (dewisol)
SATB / soloist (optional)

Geiriau Cymraeg: Aled Lloyd Davies
English translation: Aled Lloyd Davies

ROBAT ARWYN

Leggiero ♩ = 138

unawdydd neu unrhyw gyfuniad o leisiau unsain
soloist or any combination of unison voices

Roedd bu - gei - liaid yn Jiw - de -
All the shep - herds in Ju - de -

- a oll yn ca - nu lla - wen gân,___ A sêr y nef yn mo - li wrth weld
- a came to sing their song of joy___ The stars a - bove were sing - ing for the

rhan dewisiol ar gyfer llais uwch
optional part for higher voice

crud ym Meth - lem
add their song of

ge - ni'r ba - ban glân, Sein - iai an - them yr an - gyl - ion uwch y crud ym Meth - lem
ho - ly ba - by boy; and the an - gels___ came to Beth - le - hem to add their song of

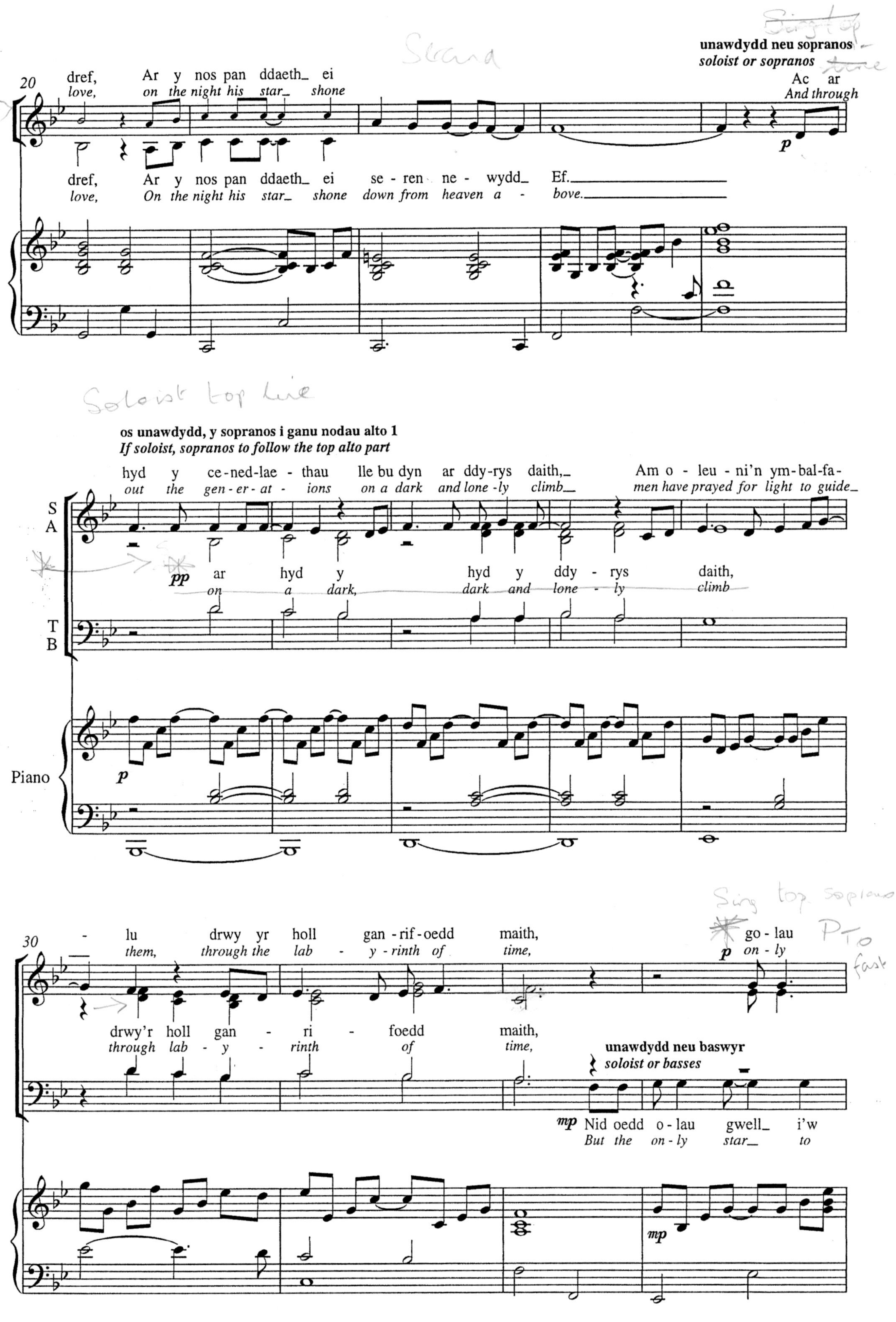
unawdydd neu sopranos
soloist or sopranos
20
dref, Ar y nos pan ddaeth_ ei
love, on the night his star_ shone
Ac ar
And through
dref, Ar y nos pan ddaeth_ ei se - ren ne - wydd_ Ef.
love, On the night his star_ shone down from heaven a - bove.
os unawdydd, y sopranos i ganu nodau alto 1
If soloist, sopranos to follow the top alto part
hyd y ce-ned-lae - thau lle bu dyn ar ddy-rys daith,_ Am o - leu - ni'n ym-bal-fa-
out the gen-er-at - ions on a dark and lone -ly climb_ men have prayed for light to guide_
S
A
pp
ar hyd y hyd y ddy - rys daith,
on a dark, dark and lone - ly climb
T
B
Piano
30
- lu drwy yr holl gan - rif - oedd maith,
them, through the lab - y - rinth of time,
go - lau
on - ly
drwy'r holl gan - ri - foedd maith,
through lab - y - rinth of time,
unawdydd neu baswyr
soloist or basses
mp Nid oedd o - lau gwell_ i'w
But the on - ly star_ to
mp

34
gwell Na'r go - leu - ni lan - wai'r Nef, lan - wai'r Nef, Y nos,
star was the star that showed God's love, showed God's love, the night,
mp mf
lan - wai'r Nef,
showed God's love
mp
ddi - lyn Na'r go - leu - ni lan - wai'r Nef, Ar y nos pan ddaeth ei
fol - low was the star that showed God's love on the night His star shone
mf
mf
unawdyddi ymuno â'r sopranos.
soloist to join the sopranos
Energico
Now Soprano line
38
ei Se - ren, Se - ren ne - wydd Ef. Cyd - la - wen - hawn,
His star shone down from heaven a - bove. Let's cel - e - brate,
Cyd - la - wen - hawn, cyd - la - wen -
Let's cel - e - brate, let's cel - e -
f
Cyd - la - wen - hawn,
Let's cel - e - brate,
Se - ren ne - wydd Ef. Cyd - la - wen - hawn, cyd - la - wen -
down from heaven a - bove. Let's cel - e - brate, let's cel - e -
f
42
â'r ne - fol - aidd gôr, Ga - ned ba - ban bach, yn
sing a joy - ful song for the ba - by boy let's
- hawn, â'r ne - fol - aidd gôr, Un bach,
- brate, sing a joy - ful song a boy,
â'r ne - fol - aidd gôr, Ga - ned ba - ban bach, yn
sing a joy - ful song for the ba - by boy let's
- hawn, â'r ne - fol - aidd gôr, Un bach,
- brate, sing a joy - ful song a boy,

46
fab, i'r Ar - glwydd Iôr. Cyd - la - wen - hawn, Daw
join the heaven - ly throng. Let's cel - le - brate, Let's
mf
yn fab i'r Ar - glwydd Iôr. Cyd - la - wen - hawn, lla - wen -
let's join the heaven - ly throng. Let's cel - e - brate, cel - e -
fab, i'r Ar - glwydd Iôr. Cyd - la - wen -
join the heaven - ly throng. Let's cel - le -
yn fab i'r Ar - glwydd Iôr. Cyd - la - wen hawn, Daw
let's join the heaven - ly throng. Let's cel - e - brate, Let's
50
gwa - re - di - gaeth i holl deu - lu'r llawr, (teu - lu'r llawr,)
praise our Sav - iour's birth with one acc - ord, (one acc - ord,)
cresc.
ff
- hawn, holl deu - lu'r teu - lu'r llawr,
- brate with one acc - ord, one acc - ord,
Mae'r sêr yn ca - nu:
The stars are sing - ing:
- hawn, Daw gwa - re - di - gaeth fawr,
- brate Let's praise with one acc - ord,
gwa - re - di - gaeth i holl deu - lu'r llawr,
praise our Sav - iour's birth with one acc - ord,
54
al
then to bar 79
Ha - le - liw - ia nawr!
Ha - le - lu - jah Lord!
W
mf
mp

unawdydd neu sopranos:(os unawdydd, y sopranos i ganu nodau alto 1)
soloist or sopranos:(If soloist, sopranos to follow the top alto part)

60 We - di trei-gl y bly-ny-ddoedd, dan yr haul, y lloer, a'r sêr,
And through all the pass-ing ag - es under sun and moon and star

W— W— y bly-ny-ddoedd, haul,
pass-ing ag - es, sun,

66 Mae y gân yn dal i sei - nio, u-nwn yn y cyt-gan pêr. Cân o
The old song is still re-sound-ing still we hear it, near and far. E-ver

a'r lloer a'r sêr, i sein-io'r cyt-gan pêr.
and moon and star, re-soun-ding near and far.

71 ddi - olch! Cân o fol - iant! Drwy'r can - ri - foedd clywch ein llef,
prais-ing! Ev - er grate-ful! For the wond-rous God of love

Cân o ddi - olch! Cân o fol - iant!
Ev - er prais - ing! Ev - er grate - ful!

Sheet music, page 45.

Measures 74–77:
- Am y nos pan ddaeth ei Se- ren ne- wydd Ef.
- And the night His star shone down from heaven a- bove.
- Clywch ein llef! Y nos, ei Se- ren, Se- ren ne- wydd Ef.
- God of love the night His star shone down from heaven a- bove.

Measures 78–82 (Energico, f, D.S.):
- O clywch, Mae'r sêr yn ca- nu:
- Let's praise! The stars are singing:
- Cyd- la- wen nawr! Ha- le- liw- ia, Ha- le- liw- ia, Mae'r sêr yn ca- nu:
- Let's cel- e- Lord! Ha- le- lu- jah, Ha- le- lu- jah, The stars are singing:
- Mae'r sêr yn ca- nu:
- The stars are singing:
- Ha-
- Ha-

Measures 83–87:
- Ha- le- liw- ia nawr! O clywch! Mae'r sêr yn ca- nu: Ha- le- liw- ia
- Ha- le- lu- jah Lord! Let's praise! The stars are sing- ing: Ha- le- lu- jah
- Ha- le- liw- ia nawr! Ha- le- liw- ia nawr, Ha- le- liw- ia, Mae'r sêr yn ca- nu:
- Ha- le- lu- jah Lord! Ha- le- lu- jah Lord! Ha- le- lu- jah, The stars are sing- ing:
- Ha- le- liw- ia nawr! Mae'r sêr yn ca- nu:
- Ha- le- lu- jah Lord! The stars are sing- ing:
- le- liw- ia. Ha- le- liw- ia nawr!
- le- lu- jah Ha- le- lu- jah Lord!

A tempo
rall.
88
cresc.
Cyd - la-wen - hawn,
Let's cel - e - brate,
nawr. Ha-le-liw-ia nawr! Cyd-la-wen - hawn, cyd - la - wen -
Lord! Ha - le - lu - jah Lord! Let's cel - e - brate, Let's cel - e-
Cyd-la-wen - hawn,
Let's cel - e - brate,
f Cyd - la-wen - hawn, cyd - la - wen -
Let's cel - e - brate, Let's cel - e-
93
â'r ne-fol-aidd gôr, Ga-ned ba-ban bach, yn fab, i'r
sing a joy - ful song for the ba - by boy let's join the
- hawn, â'r ne-fol - aidd gôr, Un bach,_ yn fab_ i'r
- brate, sing a joy - ful song a boy,_ let's join_ the
â'r ne-fol - aidd gôr, Ga-ned ba-ban bach, yn fab, i'r
sing a joy - ful song for the ba - by boy let's join the
98
Ar - glwydd_ Iôr. Cyd - la - wen - hawn,_ Daw gwa - re - di - gaeth i holl deu-lu'r
heaven - ly_ throng. Let's cel - le - brate, Let's praise our Sav - iour's birth with one acc -
Ar - glwydd Iôr. Cyd-la - wen - hawn, lla - wen - hawn, holl deu - lu'r
heaven - ly throng. Let's cel - e - brate, cel - e - brate, with one acc -
Ar - glwydd_ Iôr. Cyd - la - wen - hawn, Daw gwa - re-di - gaeth
heaven - ly_ throng. Let's cel - le - brate, Let's praise with one acc -
Ar - glwydd Iôr. Cyd - la-wen-hawn,_ Daw gwa - re - di - gaeth i holl deu-lu'r
heaven - ly throng Let's cel - e - brate,_ Let's praise our Sav-iour's birth with one acc -
mf
cresc.

1.
llawr, (teu-lu'r llawr,) Mae'r sêr yn ca - nu: Ha-le-liw-ia nawr.
103 -ord, (one acc - ord,) The stars are sing - ing: Ha-le-lu-jah Lord!
f
ff
teu-lu'r llawr, Mae'r sêr yn ca - nu: Ha-le-liw-ia nawr. Cyd - la-wen -
-ord, one acc - ord, The stars are sing - ing: Ha-le-lu-jah Lord! Let's cel - e -
fawr, Mae'r sêr yn ca - nu: Ha-le-liw-ia nawr.
-ord, The stars are sing - ing: Ha-le-lu-jah Lord!
llawr, Mae'r ff sêr yn ca - nu: Ha-le-liw-ia nawr. f Cyd - la-wen -
-ord, The stars are sing - ing: Ha-le-lu-jah Lord! Let's cel - e -
â'r ne-fol-aidd gôr,
107 sing a joy-ful song
2. llawr, (teu - lu'r llawr,) Mae'r
-ord, (one acc - ord,) The
rit.
-hawn, â'r ne - fol - aidd teu-lu'r llawr, Mae'r
-brate sing a joy - ful -ord, one acc - ord, The
â'r ne - fol - aidd gôr, fawr, Mae'r
sing a joy - ful song -ord, The
-hawn, â'r ne - fol - aidd llawr, Mae'r
-brate, sing a joy - ful -ord, rit. The
110 ff
rit.
a tempo
sêr yn ca - nu: Ha-le-liw-ia nawr.
stars are sing - ing: Ha-le-lu-jah Lord!
gliss.
8vb